图书在版编目（CIP）数据

教育微道 / 马斌著. —— 南京：江苏凤凰教育出版社，2017.5
ISBN 978-7-5499-6401-7

Ⅰ. ①教… Ⅱ. ①马… Ⅲ. ①职业教育—文集 Ⅳ. ①G71-53

中国版本图书馆CIP数据核字（2017）第091988号

书　　名　教育微道
著　　者　马　斌
责任编辑　宋兴杰　成青青
装帧设计　张金风
出版发行　江苏凤凰教育出版社（南京市湖南路1号A楼　邮编210009）
苏教网址　http://www.1088.com.cn
照　　排　江苏凤凰印刷数字技术有限公司
印　　刷　江苏凤凰新华印务有限公司（电话：025-68037410）
厂　　址　江苏省南京市新港经济技术开发区尧新大道399号
开　　本　880 mm × 1240 mm　1/32
印　　张　6.25
版　　次　2017年6月第1版
　　　　　2017年6月第1次印刷
书　　号　ISBN 978-7-5499-6401-7
定　　价　48.00元
网店地址　http://jsfhjycbs.tmall.com
公 众 号　苏教服务（微信号：jsfhjyfw）
邮购电话　025-85406265，025-85400774，短信02585420909
盗版举报　025-83658579

ISBN 978-7-5499-6401-7

定价：48.00元

只谓一孔之见；又指微妙之处，咀嚼一路走来的教育真谛。把理想写出来，把思想做出来，都离不开一个“想”字。《教育微道》就是一个教育人的随思、随感、随想，点点滴滴，娓娓道来，追寻着教育人生的微妙与精深。

一花一世界，一树一菩提。《教育微道》没有目录，没有章节，没有体例，也不成系统，是一种探索、一种创新、一种尝试，旨在让人随手一翻之间，会心一笑之中，为你送上一份久违的闲适和香茗的品味。期盼《教育微道》对大家做人、做事、做学问有所裨益。毕竟，人的一生就是体道、悟道、得道的过程。

教育如天。见微知著、大道至简，正是做好教育的要旨所在。《教育微道》虽是小道，但一直在走，并将继续这样走下去。

最后，衷心感谢成尚荣先生欣然为《教育微道》作序，感谢江苏凤凰教育出版社宋兴杰、张金风、成青青及所有朋友作出的努力！

后记

努力做那些第一眼看见就爱上的句子

天生万物，以人为贵；人之可贵，唯能思维。教育是人学，没有人就没有教育，没有教育更没有人才。做教育，一言以蔽之，首先要做教育的思考者和实践者，进而做教育的思想者和创造者。

把职业当作事业做，把问题当作课题做。努力做那些第一眼看见就爱上的句子。在多年的日常工作、学习、生活中，我喜欢做点新思考、体味新感悟，并逐步养成了习惯。星星点点，随机记载，或是几天一条，或是一天几条，围绕孩子，思考教育，感悟人生，探究哲思。唯出新，唯鼎新，方能万象更新。以岁月的风华、人生的积淀，对育人、教人、成人不断地思考、生成，久之如风行水上，自然成句，集句成文，于是，有了《教育微道》。

微道，一指隐蔽或偏僻的小路，意为曲径通幽，小有洞天；亦指微言微语，只言片语，

- 能教好别人孩子却教不好自己孩子的老师不是好老师。

- 木工、瓦工、漆工，铜匠、铁匠、锅匠……我国以前的工匠很多，后来没有传承就消失了。工匠精神是民族的基因，要从每个职业、职场、职人做起。

- 教育是需要与时俱进的精神高度的。

- 理论是思想的血肉。

- 内容有料、方法入心、形成自励，是给孩子有营养的安慰的三要素。

- 自己心中烂熟的东西，却以为他人很容易了解，教育往往也容易犯这样的过错。

- 精神的富有在于内心的丰盈。

- 教育是时间的艺术，更是灵魂的艺术。

- 大学应当是高中生精心设计的生活下一步，而不是全部。

- 第一次滴滴出行，没想到如此神速！原来新视界就是与你一墙之隔的邻居，这墙就是观念和习惯。

- 过于强调大学教育就业率、高中教育升学率、义务教育巩固率、职业教育招生比，只会让教育越来越矮。

- 人生只有后悔心，人生却无回头路。

- 看着别人过日子总觉得很慢，细数自己过日子总觉得很快。

- 敢与现实叫板，才能思想创新。

- 艺术给人激情与能量。

- 1978 年陈丹青以外语零分、专业高分被中央美术学院录取。全面发展不是指向个体的并齐发展，而是指向群体的全面发展。

- 蔡元培任北大校长，胡适任中国公学校长，徐悲鸿任北平艺专校长。校长在于什么？在于专家、专业、专注。

- 极度自尊的人往往极其自卑。

- 日子要淡泊，心境要充实。

- 教育本身就是哲学的具体化，教育者都应当擅长哲学思维。

- 思想力源于思考力，思考力源于思维力。

- 一个坏人，因为你的一点好，人们就会原谅你所有的不好；一个好人，因为你的一点不好，人们就会忘记你所有的好。这就是“浪子回头金不换，做一辈子好人难”的道理。

- 趋利和功利，使教育渐渐流失了它的天性与本义、崇高与纯真。

- 尼采说：“艺术是生命的本来使命。”艺术是人的另一道生命景观。

■ 契约意识和工匠精神是永远向前的双轮。

■ 直线思维的人看不到就在身旁的风景。

■ 人生的风景不在别人看，在于内心有。

■ 将人生精力投注于一个只见自己的人生空间。

■ 越没本事越自尊，越是落后越固执。

■ 不忘初心，更要回到初心。

- 放纵孩子终将失去孩子。

- 不懂感恩的人，心灵永远是荒原。

- 不主动学习、不愿意努力，是影响孩子成长最可怕的两种心态。

- 在不擅长的领域不停地努力，这是可贵的品质。

- 面对逆境，守心自暖。

- 修炼内心的强大，不做精神的乞丐。

■ 当长辈以亲身经历规劝晚辈的时候，晚辈却不以为然地认为是管制他们。

■ 思维要野蛮，举止要文明。

■ 露一手与身份冲突所造成的美感，是让人刮目相看的起点。

■ 坏蛋认为自己是好人，常人觉得自己都是对的。

■ 教育之怕在于：将反教育行为当作科学的教育。

- 日子要简单，情趣要丰富。

- 越来越数字化的世界，需要越来越仪式感的精彩。

- 历史的记忆最甜蜜。

- 人世间，往往能共苦却不能同甘。

- 生活常无聊，人生要有趣。

- 有新思想才能破旧格局。

- 任何人的位子都不是“终身保险”的，离开位子你什么都不是。

- 书房是人精神产品的摇篮。

- 学习，不讲刻苦是荒谬的，只讲刻苦是愚蠢的。

- 干大事，拘小节。

- 成功的起点在山穷水尽时，这就叫置之死地而后生。

- 儿童在成人之前就要像儿童的样子。少年老成的小大人是成人扼杀孩子的“杰作”。

- 人文教育关键看能不能形成人文素养。

- 善抓机遇的人关注外部，失去机遇的人关注自己。

- 生命是有生有命，再艰难也要活着。活着，才能改变命运。

- 教养与家境无关，与家教有关。

▪ 优生从 123 开始，1 对情侣 23 条染色体。

▪ 孩子很聪明成绩却不好的根源就在于：只重视看得见的智力因素的教育，而忽视非智力因素的培养。

▪ 见异思新，才能创新。

▪ 祝福是别人给的，幸福是自己创造的。

▪ 领导者的第一才华在智慧，管理者的第一才华在能力。

- 成绩不好补补课是常态，成绩很好也补课是变态。

- 只有学科缺少科学是不行的。

- 花有重开日，人无再少年。少年之梦需要成人呵护。

- 生活是最好的教学，离开了生活就没有了教育。让孩子只顾学习不沾家务，却是反教育的。

- 西医让你明明白白地死，中医让你糊里糊涂地活。区别就是有无基于大数据的定性的科学分析。

- 好的习惯一生受益，坏的习惯一生受害。

- 越是为孩子找名校的人，在内心越是想减轻孩子对自己的负担。

- 越忘记对别人说谢谢的孩子，家长付出的代价就越沉重。

- 好习惯是人生优秀的准芯。

- 让孩子从小知道：日子是自己过的，事情要自己做的。

- 享受学习过程，最能激发孩子的潜能。

- 水位警戒线是对历史前瞻性不够的警戒。

- 领导不能成为领倒。

- 家长只为孩子买书而不为自己买书是不对的。

■把理想写出来，把思想做出来。

■情感是人生最美、最温柔的风景。

■对孩子的爱不是花了多少钱，而是花了多少心思。

■让毕业秀成为学生最美好的记忆。

■无限地贴近学生心境，就是与教育最美的相遇。

■对孩子来说，学习是要讲求情趣的。

- 再穷不能穷教育，再富不能富孩子，要富就要富精神。

- 每个人不会喜欢所有人，每个人不会得到所有人的喜欢，所以得学会与人相处。

- 基础教育就是基础的教育、公共的使命。

- 事情在人，可遇；事情在己，可求。

- 批判性思维和创造性精神是人最缺少又最珍贵的品质。

- 直达心性的策略是最有效的成果。

- 大学之前少快乐，上了大学找着乐，大学之后苦作乐。

- 对孩子来说，有好习惯才会有好未来。

- 富裕容易文明难。失落了文明，再富也是富而不强、富而不贵。

- 人不仅要聪明，更要有智慧。聪明有余，智慧不足，是难成大业的。

- 任何事情一旦热衷于名次就高贵不了。

- 获得感、满足感、幸福感才是学习和工作的原动力。

- 男人，思想的深度比脸上的褶子更重要。

- 群乐真开心，独处真伟大。

- “驾车，宁慢三分，别扣一分”是交通规则，更是社会文明。

- 多念他人好，不记别人仇。

■ 校园门面就是学校灵魂的模样。

■ 逆境是考验成长的机会。

■ 爱情是彼此的情感俘虏。

■ 最美好的时光当是最认真的努力。

■ 悟己之性，成人之美；悟人之性，成己之美。这就是教学相长。

■ 过节都是为了使人更美好。

- 注意休息就是敬重自己。

- 人既要考虑生活成本，也要考虑生命成本。以空间换时间比以时间换空间的人生成本要小。

- 困境是希望的屏障，更是希望的曙光。

- 迎着教育的沉香，让我们一起去荡漾。

- 孩子是家庭的未来、社会的未来、民族的未来。

- 皱纹是生命的长相，皱纹是岁月的丈量，皱纹是历史的深度，皱纹是人格的脊梁。

- 好好学习，天天向“下”，底层永远是引领高层的基石。

- 每个人人生的字句里都应当有自己的故事。

- 如果森林中有间房，那是我曾读书的地方……

- 立身要有底线，立言要有底气，立业要有底牌。

- 课程基地、物型课程与世界创新型学校发展不谋而合，当然要走的路还很长很长。知识形态、空间创造、学习场域、专业生活、学科文化、潜能激发，生活化、体验性、项目化学习，都要去探索和创新。

- 在学习的修炼中不断提高生命层次。

- 物型课程，由器入道，不仅用物性的知识教人，而且用物化的情境育人。

- 借鉴职业教育的专业装备，借鉴高等教育的学科建设，形成基础教育的内涵优势。

- 将知识交织在校园生活里。

- 做人，一定要做得纯粹；做事，一定要做得彻底。

- 把握学业、作业、课业的关系，学习成绩、人文素质才会并驾齐驱 。

- 教师和家长要自觉清理教育孩子时无意中的负面暗示。

- 什么是国家？眼前的就是国家。什么是爱国？做好眼前的事就是爱国。

- 读书不是唯一的出路，但要有出路必须读书。

- 把学校办在书的世界里。

- 谈得来，处得来，合得来，不同层次的人际关系。

- 教师和父母的恩、爱不可辜负。

- 等别人把话说完，是一种靠自觉修炼而养成的素质。

- 失控的咆哮，终究是永远的弱者。

- 一直不低头的人永远没有抬头的机会；一直不抬头的人永远没有远望的风景。

- 优柔果断是一种教养和能力。优柔是思考，果断是决策。

- 总是想着昨天的辉煌，明天就可能没落；常常想到昨天的没落，明天就可能辉煌。

- 教育的高阶，是有衡量指标的，那就是唤醒人灵魂和激发人潜能的教育。

- 孩子是天生的学习者，但学习习惯需要后天的养成。

- “轻点声，科学家正在学习呢！”父母故意让孩子无意中听到的声音，更能促进孩子自励。

- 没有短暂的自卑就没有恒久的努力。

- 校园建设要讲究原木艺术。原木之美，是含情脉脉的一段时光交流。

- 人生如走钢丝般的交情危机意识平衡得好，危而不险安全过，否则难免落下来。

- 以智能教育培养智慧孩子，基础教育当随时代再出发。

- 有能力没信仰，境界不会高；有能力没仁爱，素质不会好；有能力没人脉，气场不会强。

- 生活有情致，劳动更光荣。

- 在感悟中慢慢成长，在顿悟中迅速提升。

- 师生关系中师为主，教学关系中教为主，这是要改的。

- 父亲是家庭的定海神针，母亲是孩子的精神牧师。

- 稍纵即逝的灵感源于历史长河的积累。

- 标准是水平的尺码，标准越低水平就越“高”。

- 有了生命，就决定了人一天天长大，日子一天天减少，故要珍惜每一天。

- 无言声自远，话多语意无。

- 许多思想的问题用思想的办法是解决不了的。

- 体制机制一变，观点往往随之而变。

- 练字是舒服着的烦恼。

- 学生是老师生命的延续。

▪ 人生离不开“三头”，木头、纸头、石头。纸头最养眼，木头最养身，石头最养心。

▪ 没有理性的感性，往往露出根子里的素养。

▪ 学生的信仰、信用、信服，在于学生对教师的信任。

▪ 静悄悄地做自己喜欢的事，是一种生活的滋味。

▪ 理念提炼的方法应从古诗词中学习和感悟。

- 在虚上面做深，在实上面做厚，科研就是理论与实践、虚与实的统一。

- 思维不贫血，创意永无限。

- 每所学校都应当建学生创意馆。

- 校园有了文化，学校就有了气质，学生就有了灵魂。

- 让书以不同的姿态洒满校园。

- 有智慧的老师才会有智慧的学生。

▪ 让他人因为我的存在而快乐，让集体因为我的存在而增彩，应成为每位师生的自觉意识。

▪ 爱就是能在一起说很多有意思的废话。

▪ 自找的痛，又何必喊疼？而且只能隐忍。

▪ 以事业的超越让人听到生命拔节的声音。

▪ 低配的人生也要高贵地活着。

- 千古不多独行人，思想独行耀千秋。

- 用孩子的发展丈量学校的成绩、教育的成效是最科学的。

- 人，总要有几句属于自己的话语。

- 观中发现，摩中提升，即观摩。

- 自己讲自己的故事，自己为自己申报荣誉，也是对学生最好的激励。

- 用思想架起理论与实践的桥梁。

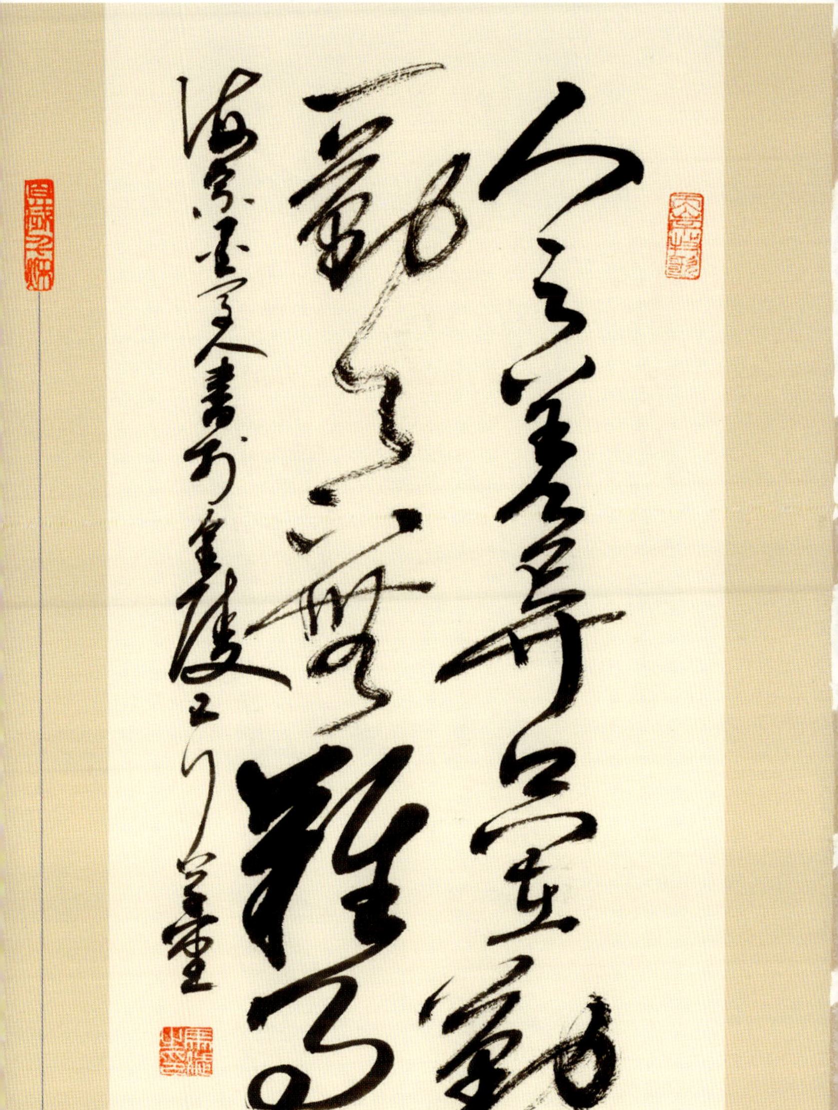

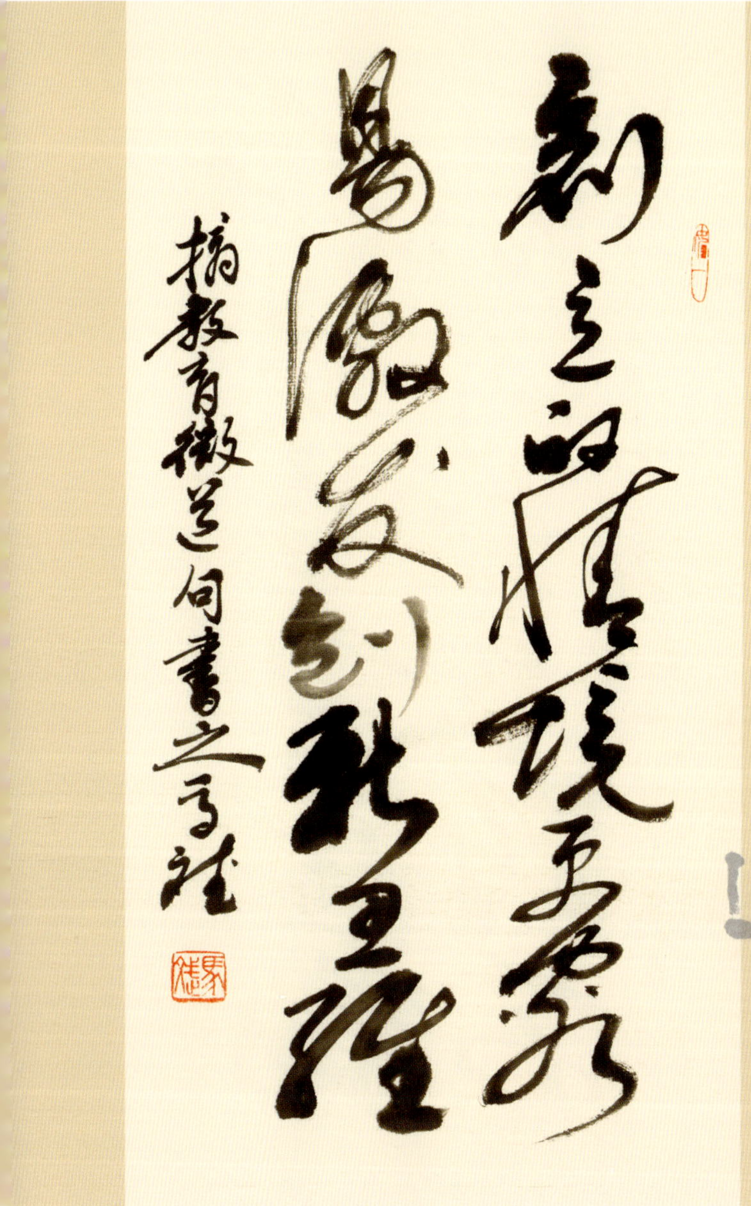

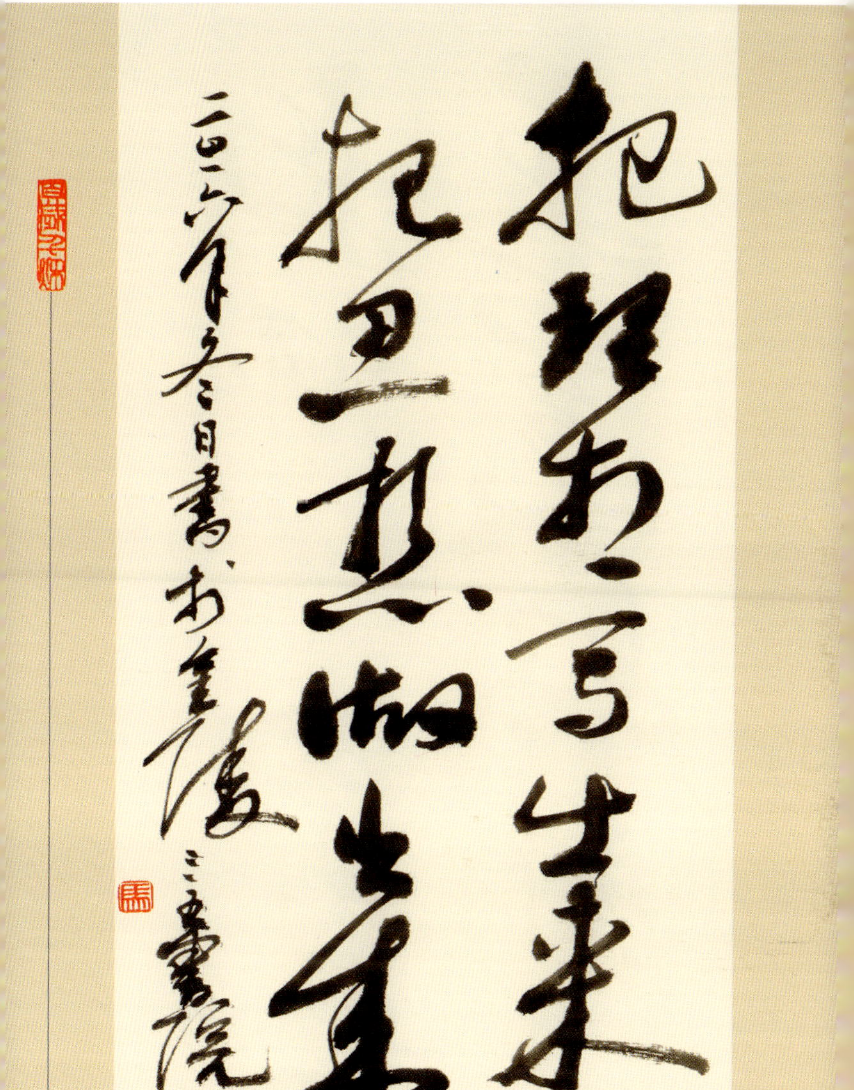

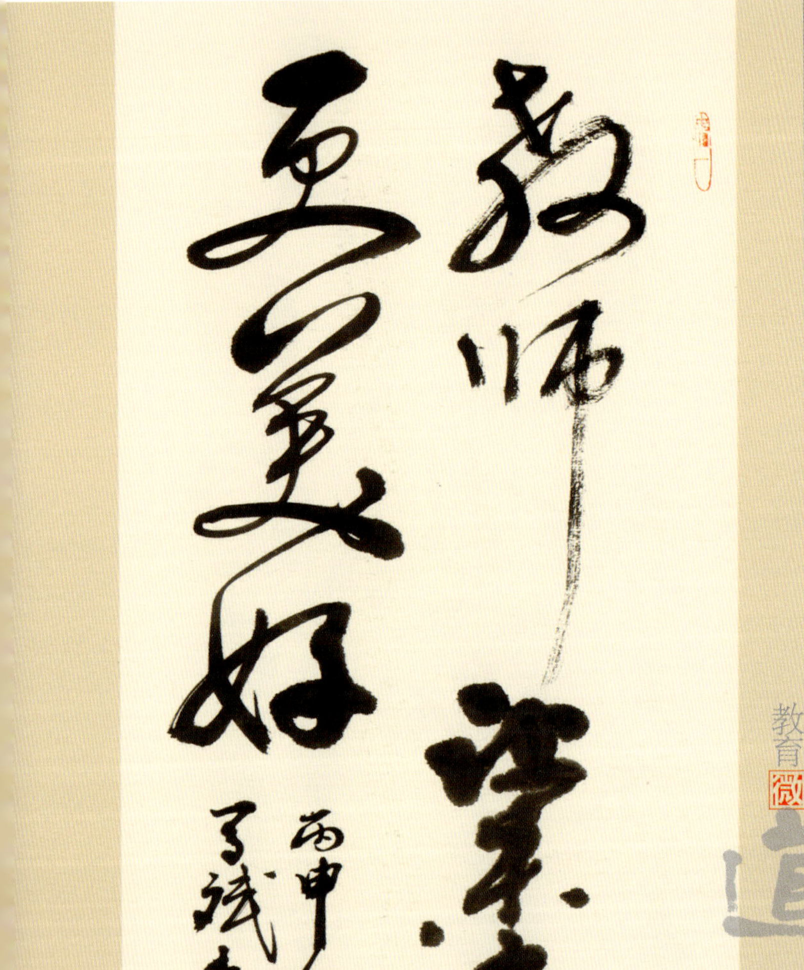

- 基础教育的 18 年，前 6 年学前教育，重在陪伴玩乐增智力；小学 6 年，在于教育养成好习惯；中学 6 年，在于交流尊重能自主。

- 求知是学习最大的欢乐，求分是学习最大的痛苦。

- 最大的悲哀莫过于最美好的东西遭到了侵蚀，没有美感的校服就侵蚀了童年的美好。

- 道德是分层次的，道德教育也当是分层次的。否则，对不同的人就失去了效用。

- 旋律中的画面，画面中的语言，语言中的情感。教育要着力思维空间的构建。

- 柏拉图说惊讶是最好的哲学性感情。在教育中应当让孩子有更多的惊讶和惊喜。

- 言传身教永远是教育孩子最有效的方式。

- 沉醉在功利场办学，就别谈教育的尊严。

- 特长的表现是技能，特长的背后是素质。

- 人能想象自己在天上飞，是因为看到鸟在天上飞，从万物中得到启发是物型课程最简单的起因。

- 加上“为什么”、“假如”，一切知识就变得鲜活起来，引领孩子去思考。

- 儿时的节日记忆犹新，因为有很强的仪式感、物型感、喜庆感。

- 发问是学生主动学习的标志。

- 人不能只为事务忘记了人本，只为明天忘记了现在，只为结果忘记了过程。

- 做一种处处体现审美的教育。

- 我们最缺的就是规则意识，规则意识是社会的传家宝。

- 在悲情的世界深情地活着，这就是人性的伟大。

- 书桌是文人的精神领地。

- 学校要有老物件，因为素朴的器物中存在沉淀心灵的自然之感。

- 人们往往将错误的习惯当成正确的行为。

- 人一生最大的幸运是遇上好的老师和导师。

- 一人走得快，一起走得远。这就是个体与集体的不同。

- 守信是成功的风帆，失信是人生的破产。

- 首席学科专家应当在学校探索建立。

- 只有灵魂里的精致，才会有生活中的高雅。学校缺少文化和审美，是要医治的“遗传病”。

- 应加快以人工智能改革教学。

- 植被文化，枯荣皆为盛景。

- 硬件硬中见软、软件软中要硬，是学校建设的两个基本点。

■让艺术审美教育激发情性、照亮人生。

■离不开父母的孩子永远长不大，长不大的人很难有大的人生。

■敢于出思想，更要善于做思想。

■快乐的途径有多种，但尊严和成就感最能自励。

■“玩”由“王”和“元”组成，说明王者一开始就会玩。玩出智慧。

- 人要淳，境要朴，天人合一即淳朴。

- 创意永远无限，只要你的思想在不停地运转。

- 爱劳动的孩子不会穷。

- 太过现实的人永远不可能有诗意、梦想和情怀。

- 真正的朋友是灵魂的紧握。

- 你淘汰工具是进步，工具淘汰你是落伍。

- 我的地盘你做主，教师的气场在于学生的气势。

- 以教师素养为重点是教师培训的重要取向。

- 教育的淡然才是教育的成功。

- 独立学习、合作学习、共同学习是学生学习的不同层次和方式。

- 教改不能叫改，专家不能砖家。

- 人生苦短，书籍太多。所以，读书得先选书，选好书才能读好书，也才能好读书。

- 每位校长都要重视自己的精神长相。

- 用西方的方法表达东方的内容，这就是东西结合的路径。

- 从学习环境建设走向学习场景建设，是以教学环境改变教学方式的转型。

- 穷养孩子富精神。

- 减负要减出学生的精彩。

- 人的思想往往都是有瞬间高度的，如涨潮，你若不立马抓住这个潮头，你就立不上这个潮头。

- 中央提出去除小区围墙，其实要拆的是旧观念、旧思想。

- 爱美之心人皆有之，爱玩之心自古有之。

- 教育当是小学好玩、中学玩好。关键在玩的质量。

- 爱课本不等于要包书皮。解决办法是引导孩子爱书或课本封面加固。

- 感动到想哭的感觉，每个人都有过。如果教育能让孩子感动到想哭，那才是真心英雄。

- 艺术首先要让人快乐，才能让人走进艺术；教育首先要让孩子愉悦，才能让孩子走进教育。

- 在最好的年纪里孩子千万不能被“杀”死。

- 成功者行为控制情绪，失败者情绪控制行为。

- 独立的读书空间，更易养成独立的读书习惯。

- 给孩子拍照，应当让孩子懂得取景、构图及造型的美感，这就是从小的体验性审美教育。

- 亲子共读是最可贵的家庭品质。

- 人生不同的阶段读不同的书，不同的书有不同的读法。

- 科技永远是提升世界、丰富生活的杠杆。

- 从孩子读书的内容认知孩子，是家长和教师必须做到的。

- 借鉴互联网 +，我们应有更加专业的“教育”+。

- 心有多宽，人生路就有多宽；心越大，人生才能做大。

- 忘年之交，年长的得到的是活力，年轻的得到的是成熟。不同的岁月，共同的谈资，就是难得的忘年之交。

- 官位是社会的认可，理想是个人的追求，你的选择就决定了你的人生境界。

- 过年，就是故乡的味、亲情的聚。

- 简单到极致就是纯粹的精彩。

- 父母对孩子都舍得，孩子对父母舍不得，这种“舍”不仅仅是物质，更有感情、习惯、尊重。

- 学习是要讲究学习利润的。

- 从容是内心丰盈的自趣、是努力做事的静处、是兰亭友人的雅玩。

- 节日气氛是孩童一生最美的记忆。

- 一直的隐忍，终将没有了自己，这不是爱。真正的爱情是彼此相容、不断调适、和谐共享。

- 人要有抱负，但更要有情怀。

- 真正的服务就是让人最便捷地得到他要得到的东西。

- 心是生命质量的真实写照。

■ 兴趣重要，坚持更重要。年少兴趣多，长大兴趣无，就是没能坚持。坚持才能成长。

■ 特殊教育对教学方法的探索，值得好好研究、借鉴和学习。

■ 教育是文化的选编，主编至关重要。

■ 男人就是山，女人才是水；女人如似水，男人才像山。

- 总有人倒在黎明前的黑暗中，缺少的就是坚持。

- 人文的力量就在于穿越时空的感召力。

- 教育应当是孩子人生的翅膀，不是孩子身心的枷锁。

- 制度和机制的力量不在于讲什么，而在于做什么。

- 诗歌是躲在生活中的童话，让幼儿的身心保持对生活和自然的敏感尤为重要。

- 唠叨是深爱，不唠叨是理解。孩子们往往不缺爱，缺的是理解、理解、再理解。

- 老年人好忆历史，青年人喜欢未来。中国宫廷剧多，美国科幻片多。

- 历史上的大诗人男多女少，现在的学生诗人女多男少。科技分流了艺术。

- 人文、人性、人权、人生是滋润社会荒漠的雨露。

- 郑板桥说：“流自己的汗，吃自己的饭，自己的事情自己干，靠天靠地靠祖宗不算好汉！”孩子从小要养成自己的事情自己干的习惯，这是孩子一生可贵的品质。

- 别让孩子的风景成长在成人的虚荣中。

- “不务正业”的成长往往是滋润人生的沛雨甘霖。

- 以安详的心做淡定的事。

- 德国的工匠精神正是物型课程中格物文化的核心所在。

- 校长要做熊猫，更要做雄狮。熊猫在品质和讨喜，雄狮在气度和能力，后者更为缺少。

- 珍视“身后名”、不贪“眼前利”是高格校长的基石。

- 爱国主义教育就应当从文化意象中去感受、体味和理悟，形成美丽的享受、深切的情感和爱恋的心结，而不是用概念的、说教的、命令的形式喷灌和压注。

- 学校在一面墙上设计最美中国符号和简约诠释，将是一束风景长卷。

- 精英学生给压力，普通学生给活力。这就是美国高中的特点，值得学习。

- 青年竞技性锻炼，中年体质性锻炼，老年功能性锻炼。一生的锻炼，三生的把握。

- 智慧的人，从不活在别人的嘴里、眼里，因为他知道人不是为别人而活的。

- 没有精神、智慧和灵魂的人，再富也都是穷光蛋。

- 教育需要科学理论与教育实践的内在结合。

- 成事在悟，恍然大悟是一种大进步。

- 世界花草千千万，到了校园就必须要成景、有型、达意。

- 教育需要管理，不要管制。管理是管而理顺，管制是管成制约。

- 简约生活从舍弃开始，快乐生活从简约开始。

- 人好活计好，人就活得好。

- 学习是一种生命状态、是生命的发展。教育不是技术性的，却变成了技术活儿，大家都会很苦。今天的教育为什么是教师苦、家长苦、学生更苦，就在于功利的应试技术。

- 你越是挤出时间专注某些事，你在这方面成就的空间就越大。

- 不要在意分数，要感受学习。现实中往往相反。

- 父母不读书，孩子怕读书。这要通过亲子共读改变。

- 做思想要深，表达要通俗；做事要实，达成要便捷。

- 咬准一点，穷尽一生，自可有成，或为大家。

- 你解决不了问题就是你的问题。

- 现代化过程中重要的不是看得到了什么，而是看失去了什么。

- 游戏化不能简单化，关键在于游戏中孩子的智力如何得到开发，这是幼儿园课程游戏化的核心所在，也是游戏化水平高低的标志。

- 用自己的智慧带着别人前行是一种幸福。

- 家长的嗓门越大，孩子离家门就越远。

- 学校要有银杏，创造色境。年年银杏“迎新”。

- 旅行要导游，人生要导师。遇到好的人生教练，是一辈子的福分。

- 教师要努力建立自己的教育话语权。

- 成功者的背后都有常人没有的品质在支撑，如宽容别人、严格自己，处境艰难、内心强大，想着明天、做在今天，等等。

- 简单生活的人往往并不简单。

- 一种艺术用另一种艺术的方法表现，就是创新。这种迁移教育要多做。

- 父母越是批评你，往往越是疼爱你，但子女往往接受不了。

- 人是为自己活的，所以自己的努力、愉悦很重要。

- 为什么有千年的寺庙而难有千年的学校？是信仰对人的影响。

- 开创基础教育学科的专业化装备大有可为、大有作为。

- 教育装备一方面要强调“标配”的规定动作到位，一方面要鼓励围绕学科之美、原理演绎和教法创新的自选动作的装备创新。

- 孩子品行变好的最好方法就是使他愉快。家长没必要让孩子吃自己的“忆苦饭”。

- 脾气是人素养高不高的直接表现。

- 通用技术是一门课程、一类技术、一种思想。

- 多读毛主席语录，体会什么是思想。

- 人文精神、专业技术、问题能力就是人的核心素养。

- 要舍得用孩子，孩子越使用越优秀。

- 脚下路不同，眼中处处景。

- 最终改变学习的将是手机。

- 艺术是孩子不可或缺的成长营养。

- 家庭是孩子的第一学校，父母是孩子的第一老师。

- 艺术是灵魂的香水，灵魂是艺术的精髓。

- 所有的落后，都是人的不行，至少是主观上的不努力或方法的不正确。

- 最好的补课是阅读，读经典、读科学、读艺术、读生活、读名人。

- 使所有学生都能发现、发挥自己的长处，是课程基地建设的宗旨之一。

- 老师敬畏学生还是学生敬畏老师，标明了不同的教育观、学生观。

- 智慧使人更快乐，人生更有意义。

- 人生应当这样，在勇于创新中超越平凡。

- 一专多能，更要多能一专。

- 人们往往将经验习惯当成科学。科学不在习性，而在规律。

- 越是基层的教师越是要多走出去见识。

- 巴尔扎克说：“一个能思想的人，才真是一个力量无边的人。”教师不仅要思考，更要有思想，从思考到思想的超越就是思维的深刻进阶。

- 班级特色重在让孩子在喜欢的环境中爱上学习生活。

- 学会拐弯，善于拐弯，最终才能超越。

- 校服一定要有美感，激发孩子喜欢学校、热爱学习。

▪ 原谅是一种素质、一种胸怀、一种本领。原谅的是别人，欣慰的是自己。

▪ 性格决定命运，脾气影响情感。

▪ 小技巧解决大问题、大难题。教学中需要更多的小技巧，一如医学上的“偏方”、“土方”。

▪ 父母的书信是孩子一生最珍贵的礼物。

▪ 沉默，沉的是气度，默的是言语。

- 人最平常的失误是口无遮拦、缺少理性、感情用事，所以要学会知书识理、通情达理、明晰事理。

- 教育常常让学生做不想做的事，却找不到使学生向往做事的方法。

- 以画释诗，以诗释画。立面文化应当如此。

- 简单生活从“舍得”开始，舍掉身外的无用之物，得到内心的轻松丰盈。

- 创新就是纠正缺陷和突破瓶颈。

- 家长都认为教育是学校的事，殊不知教育孩子的主体责任是自己。

- 有方向就会努力，有方向感就有充实感。

- 灵魂深处的东西，总是安静的。追求安静，就要越来越走向灵魂的深处。

- 给孩子的最大伤害，莫过于在需要做最重要决定的时候不让他做。今天父母越俎代庖，明天儿女风雨飘摇。

- 大哭一声来到人世，默默无闻走向天堂，这就是人，就是人生来回。

- 每个人都有自己的生命高度，无关乎其他。

- 设计创造境界，更创造未来。

- 校园建亭要有自然美感，还要有故事，如建成浓缩的兰亭、醉翁亭、牡丹亭等，这是学校物型课程中文化景点的故事观。

- 人生高低就看你日常行为的刻度。

▪ 教师让人类未来变得更加美妙。

▪ 真正的奢华是内心的教养、艺味和高尚。

▪ 花境，物型课程中花草植被的建设路径。

▪ 知识、经验，借助于工具、技术，渗透着情感、意义。

▪ 过日子是生命的本色，怎么过日子是生命的本质。

- 人赢在思想，不在分数。

- 娱乐精神灌注在美国的方方面面，可贵的是玩物不丧志、玩物能立志。

- 信誉最珍贵，任重而道远。

- 可以强迫人痛苦，无法强迫人快乐。所以快乐比痛苦更难，快乐教育更不容易。

- 母爱无私而伟大，但母爱表达方式不对，便对孩子无益甚至是有害的。

- 教育发展，学校第一；学校教育，学生第一；教学管理，教师第一。

- 无目标，永无宁日；不努力，永无来日。

- 校服应当让学生的青春出彩，而不能让孩子的青春打折。

- 校服呈现美感，青春呈现美丽。

- 秋季、秋色、秋画、秋意，一年有四季，醉爱秋香里。学校不要忘掉醉爱的四季风景。

- 同样是素描，不同的大师，不同的手笔，就是不同的风格。教育也是如此，江苏基础教育名家都要追求自己的风格。

- 狂草书的妙处在于：既有守法之本领，更有破法之才情，从而不拘一法，步入“无法之法”的境界。万事亦如此，既要能守，更要能破 。

- 长得漂亮活得一般，远不如长得一般活得漂亮。

- 教学应当多从心理学规律和经典案例中得到启发。

- 年轻人好动，想改变，因为不习惯；老年人好静，不想变，因为习惯。心性、环境、习惯决定你的生活与未来。

- 功利之下的教育最缺的是“诗”外“功夫”。

- 攻坚克难，努力的过程如在地狱，成功的结果就在天堂。

- 无论男女都要读书，女人读书养气质，男人读书养气度。

- 一生阅读者，自己终成书。

- 静静的夜读往往绽放最亮丽的思想火花。

- 好父母胜过好教师。

- 吃苦提升能力，刻苦促进成功。

- 高中教育，要有高峰更要有高原，高峰容易高原难。

- 不读书的人常说读书没用，不做事的人常说做事没劲。

- 幼儿教育，最小的教育，最大的收益。

- 懂人的人一生快乐。

- 书法关键要得法，教育也在得法。

- 机制的力量是看得见、摸得着的，我们缺的正是行事机制。

- 父母中有一个走了，你就会觉得自己老了、孝敬少了、过去的“不好”都成宝了……

- 父母是否健在，永远是你回家乡还是归故里的分界。

- 要最大限度地让孩子自由和独立。从小不独立，长大难自立。

- 会玩才会学习，快乐才肯学习，勤奋才善学习，热爱才永学习。

- 诚信是成功的基石、人格的光辉、国家的力量。

- 理想是平等，现实是竞争，这就是教育的难题。

- 人生不在钱多，关键在于活得精彩；学生不在分高，关键在于学得出彩。

- 表扬与鼓励的区别就在于是否体现学生主观努力的程度。聪明是表扬，努力是鼓励，鼓励更利于促进进步。

- 阅读，能让你遇到更好的自己。

- 教育就是让孩子发展为有温度、懂情趣、会思考、自觉做、总进取的人。

- 自信，是人最大的潜能；自负，是人最大的敌人；自卑，是人最大的杀手。

- 让孩子与他自己的过去比，最易进步。

- 家长热衷于择好学校、好老师，却忘记了家庭才是最好的学校、自己才是最好的老师。

- 花更多的时间、更多的精力和孩子一起阅读、一起旅行、一起学习、一起研讨，陪着孩子一起长大，是每个家长必须做的作业。

- 理想使人崇高，务实使人出众。

- 母亲是文明的基石，是人类的摇篮。

- 高考改革再难，总有明天。关键在科学，根本在民心，方法在基层。

- 地表文化，建设天人合一的自然世界；空间文化，建设知行一体的识见维度；学科文化，建设手脑并用的智慧教学；格物文化，建设物我合一的精神品质。这就是基于学生学习的文化视野下物型课程的教育深度和文化拓展。

- 一个人，真正做到爱自己、爱别人都不是那么容易的。

- 人之差异就在于获得一手知识和二手知识的差异。亲历亲为，自己亲自打理，是成功者的起跳板。

- 教师当为学师，校园应成家园。

- 话语亲和、脸色亲切、家务亲为，是天下儿女最难做到的事，是人一辈子的修为。

- 让孩子在聊天交流中接受教育，这就是聊学。这种方法孩子更容易接受，教育效果更好。

- 人人都想成功，但不知道怎么才能成功，方法性思考太少。

- 用自然材料代替塑料玩具是幼儿园资源建设的方向。

- 阅读是一种从小的培养，亲子阅读，终身受益。

- 一样的风景，不一样的感悟。这就叫仁者见仁、智者见智。

- 校园绿化要有教育的认识深度。

- 中、日、美学生学画苹果，分别画出的是技能性的苹果、感知性的苹果、体验性的苹果。学习过程和结果，实际上是手脑心的差异、技艺道的差异。

- 相信自己比依赖别人重要，这就是求人不如求己的道理。

- 高考中语文应比数学所占分值高，任何学科学习都需要语文的底子：母语就是国家和民族的“母乳”。

- 学生差距源于学习习惯的差距，假期是孩子养成好习惯的修行。

- 艺术家只属于一个国度，便是感官的国度；只有一个国籍，便是心灵的国籍。教育也是如此，感知与心灵是教育的灵魂，这就是感智教育的由来。

- 人的思维短路和短缺，就在那瞬间，错过就会失去。所以，好记性不如烂笔头。

- 初中是学生学习转变的关键期、身心转变的特殊期、未来发展的分流期。

- 育人往往是：知识第一，能力第二，素质第三；成人恰恰是：素质第一，能力第二，知识第三。

- 抢状元是大学没有定力的心慌。学校的伟大在于点石成金，不是锦上添花。

- 18 岁之前，学的多是字面上的知识；18 岁之后，才知晓字面背后的意义。

- 德性、悟性、韧性、血性、记性是人的“五性”，关键要发展个性。

- 时间是厨师，往事都是下酒的菜。

- 有些人够富，但更希望别人知道他的富，所以做得很富，这就是面子。生活中甚至有为了面子而死不要脸的人。

- 干花干草干枝是源于自然、高于自然、还原自然的艺术，是墙壁文化的重要内容，插、贴、挂、吊、搭，重点是自然和谐，关键是让人心动，核心是激发情思。

- 机会来时往往是不被看好的，因而更易稍纵即逝。

- 不怕一万，就怕“万一”，“万一”的思维模式让你失去了许多成功、许多风景。

- 对弱势群体的态度是社会文明的标志。

- 教育就是培育人的精神长相。这种长相，要熏陶、要体验、要活动、要悦读，物型文化、课程基地、美感课堂、生机校园是重要举措。

- 通过学科细分，让孩子感受分类思维和方法。

- 地标实际上是一种文化的呈现和精神的力量。学校是要有一处体现文化圣地的地标的。

- 犯错是成长的奠基石，知错是成人的试金石，改错是成功的磨刀石。

- 故乡是用来怀念的，青春是用来追忆的。能对教育进行怀念和追忆就是教育的成功。

- 父恩如山，母爱如水。仁者乐山，智者乐水。父亲的人格风范，母亲的知识教养，决定孩子是怎样的一种山水气象。

- 大闲之人闲其心，小闲之人闲其时。

- 高考只是人生命中的一个流程和历练。

- 学校应当给学生丰盛的生命，而不是让青春打折、打蔫。

- 学校应有巨大屏幕播放优美的通感内容，去感染学生。

- 教育变成操练就失去了能力。常听学生说平常成绩好、高考失误了，其实原因在于高考原创题更多些，更需要能力的是教育训练的受害者。

- 知识多了，精神少了；技术多了，情感少了；功利多了，初心少了；崇高要求多了，平凡要求少了；个人成功多了，合作共进少了；尊重学生主体多了，实现学生自主少了；支离破碎的条分缕析多了，整体把握的宏观架构少了……这是教育人值得思考的。

- 父母对孩子往往无微不至、无能为力、无动于衷、无可奈何，就这么几种表现。

- 孩子的明天就是父母今天的一面镜子。责备今天的孩子不如反省昨天的自己。

- 思路决定出路，格局决定结局。要教孩子做人的格局，以格定局。

- 管理不是包装，包装倒是管理。

- 责任心是爱、教育、成功的第一主题。

- 教师是万业之母、国家威望、世界未来。

- 人生不要着急，最好的总会在最不经意的时候出现。无意于佳乃佳，是功到自然成的天意。

- 许多老师都预言美国所有州的监狱随时向奥巴马敞开，但母亲的人格最终影响了奥巴马。最“坏”的孩子往往藏有最高的智商。

- 让最底层的人都要有一个向上之心，简朴的生活可以有高贵的生命。

- 宽容是美，相助是好。宽容相助，人生美好。

- 对于孩子培养，学校在教育，有教有育；家庭在教养，养重于教；社会在教化，化更关键。

- 孩子读书的过程就是家长和老师读孩子的过程。

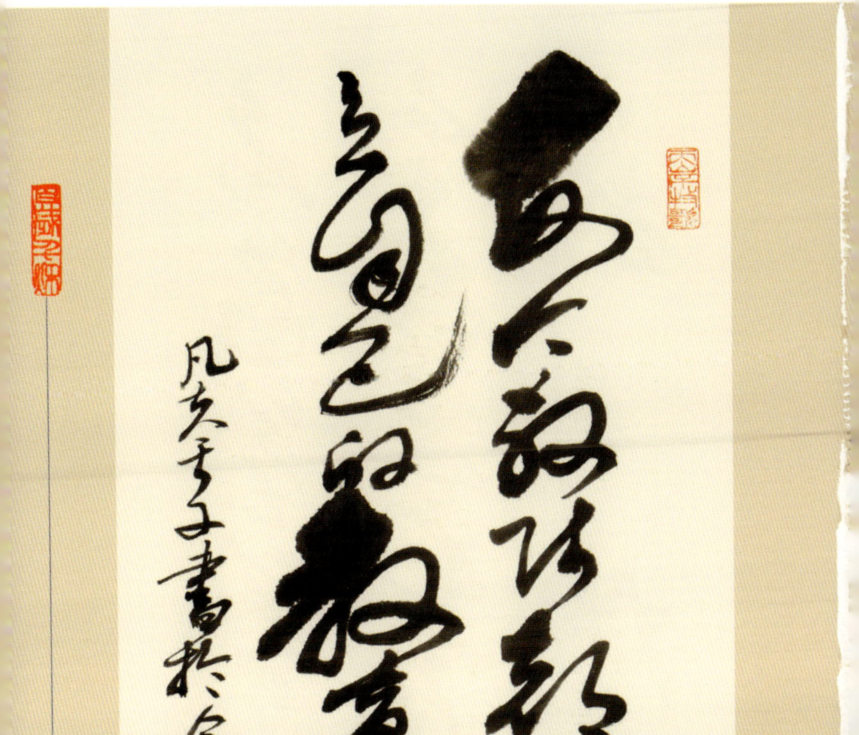

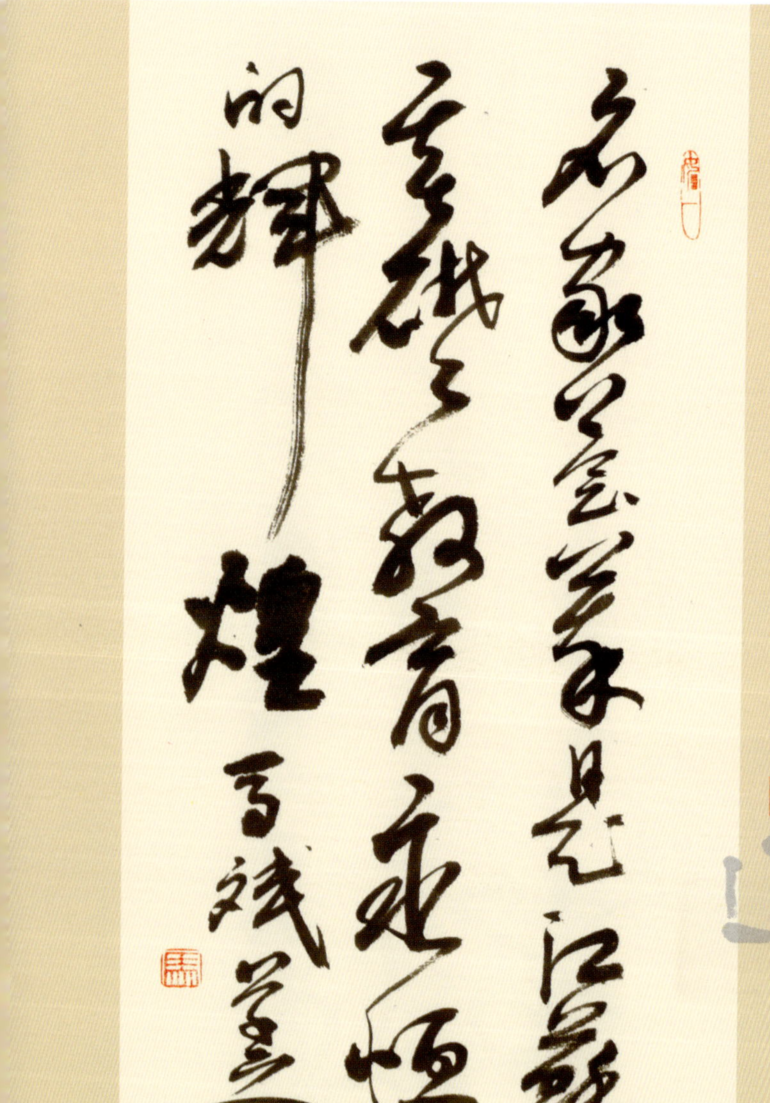

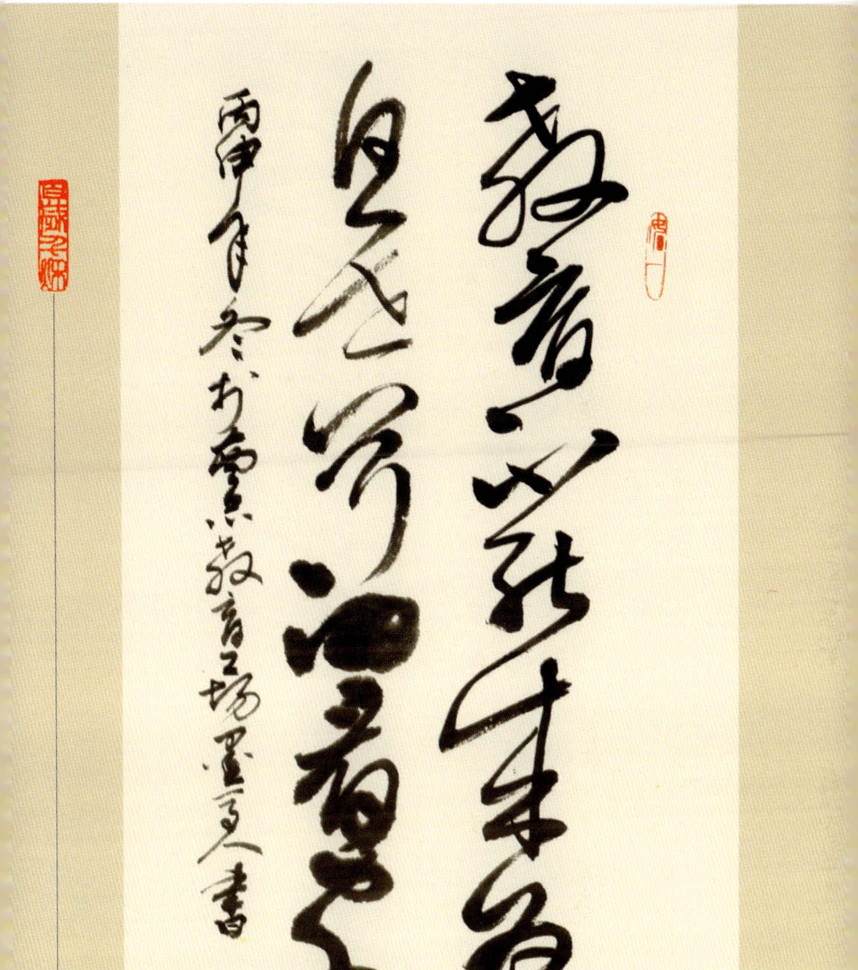

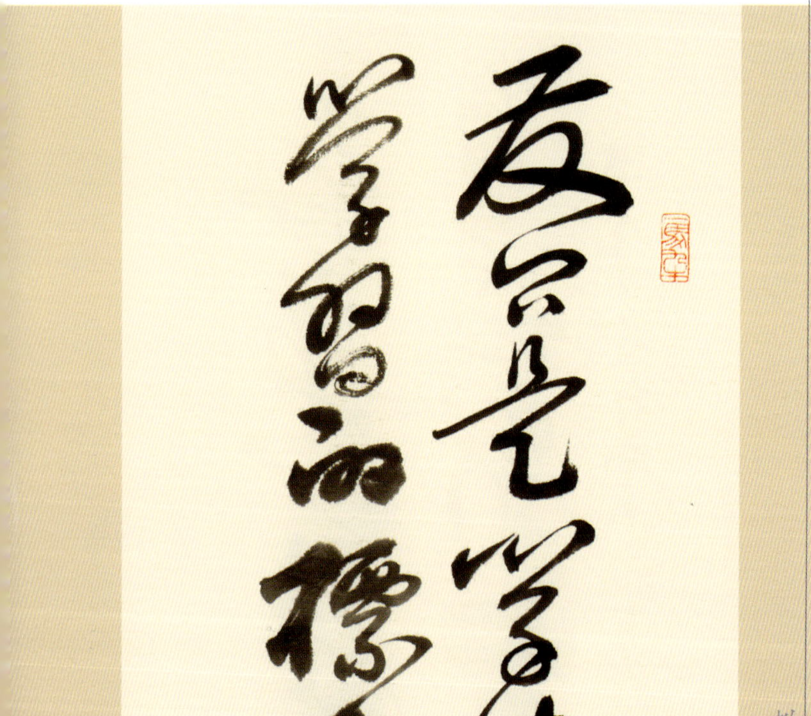

- 没有专注就没有优秀，专注才能专业、专精。

- 校园欺凌是要管治的。要让孩子知道，尊重他人才能有自己的尊严。

- 孩子是天生的悦读者，是最能提问题的专家。

- 丰子恺先生的物质、精神、灵魂生活三层界是有道理的。衣食首在生存，艺术享受生活，信仰感悟生命。

- 人，最大的敌人是自己，最大的屏障是心态。

- 格局就是指一个人的眼光、胸襟、胆识等心理要素的内在布局。培养孩子的格局是尚未有人做的教育哲学。

- 校服是学生身份的标志、理想的充盈、生命的型塑。

- 青春年华是表达美的最好时期，但常常被好心人打折。

- 教育的本职不是应考谋生，而是唤醒兴趣、鼓舞精神、树立志向、报效国家、造福人类。一味强调就业率矮化了大学精神。

- 如果高考演变成大人对孩子的百般刁难，教育和社会就成病态了。

- 从独行天下到读行天下，任思想去阅尽风光；从成人之美到呈人之美，以美感去构筑风景。

- 在改变的时代改变自己，用自己的改变改变时代。

▪ 人要有敢做自己的胆量和能做自己的资本。

▪ 0 到 6 岁的大脑发育最超前，0 到 6 岁的学前教育最落后。

▪ 穷养、富养，都不如教养。教养首先在家庭、在父母。

▪ 东西到了异地他乡就会生长、生发，就成了创新。

▪ 三代人的互动才是完整的家庭教育。

- 越努力，越幸运；越大气，越成功。莫不如此。

- 人，既要有大世界，也要有小天地。

- 爱美之心人皆有之。因为每个人都有一颗文艺的心。

- 如果能让配乐配景配情的抒情文学，在学生自由活动时间里满满地流淌，拨动人心灵深处的感觉，那将是怎样的深度诗意和美感氛围。

- 教育就是找到一个人的生存方式、生活方式、生命方式，生生不息。

- 教育要以教学的趣味激发学生学习的兴趣。

- 习惯了得到，便忘记了感恩。这对孩子的教育极为重要。

- 教育是需要艺术精神的。美感课堂的艺术精神在哪里？

- 人往往安于现状、死于习惯。

- 有比较才见差距，才需努力。人比人，更成人。

- 拿得起是聪明，放得下是智慧。聪明和智慧之间就是一堵墙——境界，但不少人就是翻不过去。

- 精致到底就是品质。

- 人生最大的敬佩是拿得起，生命最大的安慰是放得下。但放得下比拿得起更难。

- 人生难得一清欢，慎独就是一个人的清欢。

- 人之差异就在勤，一勤天下无难事。

- 全情投入于自己手艺，这就是职业的尊严。教师的高尚就在于职业尊严凸显。

- 选书和选路，人生不可或缺、不可避免。

- 因为熟悉，所以难以解释；因为陌生，所以相互欣赏。

- 智能教育中的云学习、智慧化校园、数字化教室和“互联网 +”资源，是值得深思的。

- 争气不生气，努力不苦力，功夫不功利，人生之大智慧。

- 课改的背后是教改，教改的背后是教法，教法的背后是孩子，孩子的背后是每个孩子。这是教育改革的逻辑思路。

- 课堂影响人的一生，教室孕育国家未来。

- 思想要尖锐，行为要中庸。

■ 抓住现有的生活，狠狠地向前，活出精彩。

■ 慢生活，幸福人；快生活，急死人。

■ 人们往往忙碌得没有了悠闲，一旦悠闲后，才觉得过往的忙碌其实并不都是必不可少的。

■ 物——情境浸润、术——方法革新、人——内心喜欢，是促进学生好学的三要素。

■ 故土是最温馨的处所。

- 你以为的未必就是你以为的，你以为的未必就是他以为的。

- 自觉、自尊、自信、自主，求是、求真、求正、求实，是人一生的根基。

- 人的两种力量最有魅力，就是人格的力量和思想的力量。教师更要在这两种力量上发力。

- 物型课程、美感课堂、经师经书是文化校园的三个要素、三大风景。

■ 生活，留一半清醒，留一半糊涂。水清无鱼，难得糊涂。

■ 拿得起是本领，放得下是本事。

■ 有的人在愚蠢地勤奋工作而无法自拔。

■ 阅读是人最高贵的行为，享受阅读是最惬意的盛宴。

■ 课余时间，校园中回荡种种配音朗诵等，拨动孩子内心深处的触角，熏陶、润养、浸泡……

- 润物细无声，教育贵无痕。

- 生命的意境在于美好的心态，至少不要伤害自己。

- 不经意的“土”美，往往是心底最深处的触动。

- 态度决定成长，力度决定成功。

- 人生，无需太多理由，也无需太多解释。

- 经过、经历、经验是三个不同的层次，能力也是由此而来的。用专业视角谋事，用专业方式做事，用专业素养评事，远比做专业的事更重要。

- 学校和博物馆是一个地方的生命气质。

- 花以蕊为美，人以心为根。

- 只会批评没用，建设性批评更有用。提出解决问题的方法比提出问题更重要、更见水平。

- 感动是一种能力。感智教育中的感动即为其一。

- 孩子成长的“三维”：发展基于学校，素质基于家庭，能力基于社会。

- 素养是人一生中最难摘取的金牌。

- 母亲母爱，人一生最难得到的最大资本。

- 看风景的人很多，成风景的人很少，风景要用全部的点滴一生成就。人要做自己的风景。

- 不让孩子输在起跑线上，但家长从小忘记孩子好习惯的养成，其实已经输在起跑线上。习惯就是孩子的起跑线。

- 人的生命就是“在”的过程。

- 不要闯红灯，给老人让座……提醒越多，意识越麻木。管理也好，教育也好，将外在的要求变成内在的需求，才能事半功倍。

- 管理之要是追求心性需求的科学机制。

- 不能让未来遗憾历史，应当以今天的精彩庆幸过去的决策，并一路走来。

- 习惯的养成，家庭和父母的作用更为明显。

- 以学生为中心的价值创造，是教育的深度思考。

- 追求不苛求，认真不较真，计算不计较，做人做事当如此。

- 人和人最根本的差距是习惯的差别，习惯的差别关键在家庭的差异。

- 只要提供足够丰富的内容，孩子的探究是无穷无尽的。

- 人总是在接近幸福时倍感幸福。教育的火候是让孩子跳一跳再摘到桃子。

- 芬兰教育实施的关键点很多在教室之外。成长在户外值得探究。

- 人要厚待勤奋的自己。

- 孩子玩游戏，利弊都有，核心是平衡点，在于父母与孩子的契约精神。

- 伟人，首在伟大人格也。

- 儿童喜欢读书，教育就成功了一大半。

- 有个性、不任性、长记性是教育孩子的最高准则。

- 让课程基地将碎片化知识转化为系统思维，这是改革，也是转型。

- 教人会学是功德。

- 摩登旗袍融传统与时代的精华，更给现代人学传统文化以启迪。

- 孩子就是镜子里的你，要孩子成功先自己成功。

- 选修就是选业——专业、学业、职业、事业。

- 喜欢就不觉得累，喜欢就会永恒。

- 不要给班级统一的书架书柜，由学生设计，让学生喜欢，班班不同则为风景。

- 自然心动是学校建设的最高境界，也是物型文化的真正追求。

- 得意时想退路，失意时想出路。人生不如意者十之八九，化失意为创意，就会凡人不凡、凡人非凡。

- 要提倡创意教育、创趣学习，寓学于乐。

- 学校做点老味的东西很有必要，如桥可造成赵州桥、南京长江大桥的缩影。

- 阅读是孩子的天性，阅读是学习的生命。去掉繁琐环节，让学生直读、多读、有得读、读得好。

- 功夫在诗外。人文艺术味儿应成为学习的味精，也解决了学生知识的口感问题。

- 科技、审美应当成为撬动教改的新杠杆。

- 有的学校很豪华，也很文艺。可惜只有色彩，没有温度。豪华得格式化，让人没有一点感觉。

- 说起来，孩子都是自己的好；比起来，孩子都是别人的好。好多孩子就给“比”坏了。

- 鸡蛋，从外打破是食物，从内打破是生命。人生，从外打破是压力，从内打破是动力。

- 自然和做出自然的老味很重要，沧桑容易唤人心。

- 视觉创世界。

- 有人说教师分教知识、教方法、教动力、教境界四个层次。但越向后教师的层次和境界越高，也越难。

- 材料越平凡的创意，品质越是高贵。

- 善良是幸福的邻居，凶狠是悲伤的伴侣。

- 年纪越小，胆子越大；年纪越大，胆子越小。读懂前人，生命更好。

- 生活中弯腰并不比直身能做的事少。低头看清道路，仰头不能向前。

▪ 适时的低头，是巧妙的智慧、沉稳的成熟。低头踏稳脚步，抬头开阔眼界。

▪ 做事，先感动自己才能感动别人。

▪ 注重家庭、注重家风、注重家教很有时代意义。孩子如何，首先看家庭，首要在父母。

▪ 自然环境、人文环境、社会环境从小学先做起，让教育返璞归真、直达心性。

▪ 每个人都应当有自己岁月的生命俱乐部。

- 诚实舍弃虚伪，充实舍弃无聊，踏实舍弃浮躁。

- 老人是亲情之魂、乡情之根。

- 吃苦的年纪别安逸，安闲的年纪别吃苦。什么时候做什么事。

- 不要理直气壮，而要理直气和。

- 卓越的人有性命、生命和使命三条命，一般人只有性命一条。

- 年味是人的精神营养，城里的春节，已越来越成为白开水，缺的是年味的符号和载体。

- 母亲是最好的老师。

- 回家过年，永远向前。

- 爱好是方向，兴趣是资本，性情是命运，这就是人的未来。

- 书房的物质意境、读写使用和养生之道就是课程的意义。书房的装饰、品位、使用、活动，似乎是物型课程的缩影。

- 视觉物语，让校园到处都是知识点、信息源。

- 隐忍是境界，坚守是高格。

- 共苦中同甘是幸福，同甘中共苦是境界。许多人在后者中容易失分、失落、失去。

- 放假的全程就是家庭教育的过程。家庭教育的差距在这里最为明显，却又最易忘却。

- 感恩是做人的高度，不懂感恩的人情感常常是冰冷的。

- 静水流深，孩子是父母气质的传载。

- 最大的幸福是双亲健在的回家路上。

- 从素颜的凡人到光鲜的明星，许多都是妆艺的力量。教学也是需要“妆艺”的。

- 打造教育的快乐竞争力。

- 校园的绿艺与绿意大有文章。

- 要想活得精彩又坦荡，唯有独立和坚强。每个人都是这样。

- 善忘，是人生的一种佳境。春去秋来，花谢花开，世间万物皆如此。

- 营养、保养、修养乃养生之大道。

- 一招新，吃遍天。创新，是永远的制高点。

- 群处守嘴、独处守心是人生。活着别人看、看着别人活是“生”人。

- 读书是最好的“精神打扮”。

- 书壁最能体现学校的创意高度。

- 人有时会恶心自己，不过这个恶心的价值是记取。

- 以最好的自己才会遇到最好的别人。

- 学生学习的深度、广度、程度、热度、力度、效度，是基础教育要研究的，不同学生，应有不同的学习强度。

- 思想观念 40% + 人际关系 40% + 专业能力 20%= 成功。就教育而言，人际关系最重要的是师生关系、生生关系、师师关系。

- 手绘墙应是学校、学生的共同创意。

- 学校和家庭的卫生间都需要文化再造。

- 传统的左脑技能依然重要，但现在需要的是另一套截然不同的、更重要的右脑技能，即艺术感、共情感、创意及全局思维能力。

- 学校应当有许多书壁，各种风格各异的书壁成为学校满天星般的一道风景。

- 读书，就是用别人的智慧之砖砌自己的思想殿堂。

- 学校就要美得如此任性，让你美不胜收，得意忘形。

- 教育怎么给孩子适度饥饿感，值得认真研究。孩子天天消化不良，怎能不厌学？学习的饥饿感在哪里？

- 做什么事都要讲究实和力。

- 读好书、想新思、交高人、做正事、赏美景、玩雅趣、强健体，方为人之正道。

- 聪明者不足是小聪明、聪明过头、聪明反被聪明误，智慧者即便不足也是大智若愚。江苏基础教育的大转型就是：从培养聪明的学生走向培养智慧的学生。

- 教育的伟大，在于最有可能给人变好的机会。

- 不要让成人的话语淹没孩子内心的声音。教育的真谛在于让每个孩子都变得生动。

- 让学生在过道玩起来，与墙面玩、与同伴玩、与自己玩。

■ 学在江苏，成就梦想。

■ 山水之中，有儒风、有道意、有禅味，更有心性、有情感、有哲学。校园是不能没有“水”和“山”的。

■ 聪明有先天因素，智慧在后天修炼。聪明人注重细节，智慧者注重整体；科技让人聪明，哲学让人智慧。

- 斯霞的童心母爱、实践模式、教学风格值得深刻研究，晚年“救救孩子”的呼吁仍有现实意义。

- 万事如烹饪，在于得法、有味儿。

- 人们喜欢音乐，是因为每个人在音乐里都会找到自己的情感和兴奋点。让每个孩子在教育中找到自己的喜欢。

- 为什么人们都喜欢歌曲？因为在歌曲里总有情感共鸣。为什么不少人欣赏不了音乐？因为后天的艺术素养还不够。

- 银杏，最饱满的秋美，最美丽的秋色，学校应当有。

- 做人之美，在于简约；做事之美，在于利索。

- 读诗感画境，品画悟诗意。这是微信给教育带来的便利之一。

- 教育错孩子比孩子错教育更可怕。

- 实物材料的审美价值更容易让人发生兴趣。

■植树绿化是一件唯美的艺术，可最缺的往往是审美的艺术追求。

■育人就是培养他对明天的希望和今天的进取。

■拳是健身的道具，球是娱乐的玩具，教育的道具、玩具在哪里?

■勤劳是人最棒的特质。

- 情境影响情绪，情绪影响思维，思维影响创新。

- 诗可提高生活的品质，是人生的精神依靠。当诗歌碰上高考作文，只能零分。这是诗的悲哀还是人的悲哀？

- 人文要关怀，人性要美好，人格要伟大，人情要温暖。

- 伟大的教师必有伟大的个性、独立的人格、锋芒的思想和深刻的思维。

- 就课程实施而言，中小学是铁路，沿规定轨道行走；大学是高速公路，方向对头，可以自由行驶；幼儿园是溜冰场，空间大、自由度大，也一直向前，但做得不对就会走回原点。学前教育更需要加强教师课程培训。

- 看问题的逻辑思路决定了你的观点与立场。

- 当你寻求与众不同时，意念中总想到出新思维。出新思维，一个好概念。

■ 3 岁看小，6 岁看老。学前教育在前，一生发展在前。

■ 与孩子讲大道理是最没道理的。

■ 家长做得有道理，比说得有道理更有道理。

■ 特色必须是先进的，才会是真正的特色。

■ “少即是多”是设计界广为流传的名言。教育更当如此。以教师教之少，让学生学之多，这是教育永恒的追求。

- 人生三种境界如窗内观月、庭中望月和台上玩月。物型课程、学科之美、空间创意、课程基地的教育新创，就是追求“台上玩月”的学生学习和审美滋养。

- 人淡如菊，最为美好。

- 生活艺术化地享有，艺术生活化地鲜活。

- 功利教育，好心而努力地扼杀了孩子的智慧。

- 教育的核心首先在于培育学生公民人格，努力使学生成为有公民意识、享公民责权、讲公众利益、有公益行为、做公共服务的合格公民。

- 幼儿教育就是乐游乐玩、动手动脑。

- 大教室、宽走廊、多空间将成为江苏中小学赢取未来的独特优势。

- 空间创意是学校内涵的魂灵。过道文化、地被香化、楼顶绿化、空间美化等，成为校园空间创意的重点。

▪ 谁会读书，就不易输；家有书香，社会吃香。

▪ 一把算盘做成了一个博物馆、一种文化。文化是做出来的，万事在做、在做法。

▪ 人之成功，先天潜质、后天环境、个人努力、大家提携，全都不可或缺。

▪ 从读你到懂你，你懂的。读人是功。

▪ 旗子乃物，国旗有意义，物型课程即如此，重在寓意。

■ 人的未来不怕有空白，有空白就可去挥写；人的过去就怕留空白，过去的空白影响今天的成败。

■ 兴趣是你填满人生空白的色彩。

■ 打乒乓球的好处在于：用劲不用力，健体；慢功赢得快，养心。

■ 学校建设、校园绿化，关键在于天然自得。做出自然，如同天然，这是学校建设的不懈追求。

- 学校建设创新、文化创意、内涵创造的最高境界，在于有出乎意料又在情理之中的惊喜。

- 幼儿园要让孩子玩出科学味、科技味、科普味，更在于孩子的互动。

- 好学校总给你满满的感觉，这种满满不是作业的充塞，而是选修课程的充裕。满满的教育需要满满的课程，满满的课程需要满满的载体，小学特色文化建设就要以此为突破，开创全面育人的新境界。

▪ 名家荟萃是江苏基础教育的永恒辉煌。

▪ 充满艺术感、设计感的建筑总是引诱人放飞思维。学校火柴盒式的建筑，勾不起人激荡飞扬的情感和思维。

▪ 美国生活中到处都有国旗的影子，让人时刻感受到国家的存在。有的用法也许都是不“敬”的，但却是现实的、生活的、有效的。

- 信仰崇尚创新，土壤催生创新，个性擅长创新，这就是创新的国度。

- 事事要动手，时时想动手，处处可动手。创新型学校首先要为学生动手创造条件。

- 书画香人一辈子。

- 最想改造的就是教室——寻获学习的、生活的、情趣的学习场所。

- 教育的“基因”是什么，要知晓，要研究，保证健康遗传而不变异。

- 同好只要三五个。

- 细致是生活的艺术、生命的品质。

- 父母是孩子的第一任老师。人得母爱如水，有仁爱之心；得父爱如山，有成事之志。刚柔相济，成就人生。

- 人到中年，一切居中。

- 有一说：美国是动脑的，德国是动手的。中国能否手脑并用，从基础教育做起。

- 教育深度改革的命门，源在无奈的统考，缺在内生的机制，根在缺失的诚信。

- 一个人的清欢是一种崇高的境界。如果这种清欢是做学问，更是大道通天。

- 人就一口气，命在一颗心。

- 合得来的亲人、处得来的亲戚、谈得来的朋友，是人一生的缘、一世的福。

- 功夫在“诗”外，业内之“业”只是技，业外之“业”才是道。

- 儿时的往事都是童年的故事，而且很甜蜜。

- 每个人只能做你自己，过度依靠他人往往就失去了自己。

- 从小养成读书的习惯，是父母给孩子一生最大的财富。

- 行为习惯的背后往往就是观念和价值观的差异。

- 艺术是延年益寿的最佳保健品、是生活情趣的添加剂，每个人都应当培养一门艺术。

- 长度是人生的基数。有人增加了宽度，有人又增加了厚度，有人再增加了深度，有人再增加了力度，这就是人生命质量的差异。

- 如要心轻轻，唯有事清清。

- 人之庆幸，是知道自己是幸福的；人之有幸，是知道自己是不幸福的；人之不幸，是不知道自己是幸福的；人之万幸，是不知道自己是不幸福的。

- 自然最能净化心田。

- 德国的生活创意世界一流。我们的差距是想不到，或想到做不到，这正是提高生存能力、生活质量、生命价值的基点。“科技改变生活，创造产生快乐，智慧幸福人类”，要从口号变成行为。

- 市场竞争的本质，在于通过改革、创新、提升来赢得发展优势；而不是通过孤立、封锁、打压对手来保证自己发展。

- 太阳最红，父母最亲。父母是你生命之源、情感的太阳。

▪ 如何增强乡村学校的文化环境、品质氛围、生活气息、现代风尚、自然生态和人本设施等，这是要好好地深度设计、生发和创新的。

▪ 领导不可怕，怕的是有权力没科学、有能力没审美、有魄力没规矩。更可怕的是：方向不清决心大、情况不明决策狠、措施不实点子多。

- 科学，学经典的，更要学现代的；人文，学现代的，更要学经典的。

- 家务是人生的根基、事业的根基、生活的根基。当你的孩子什么家务都不要干的时候，可能也不能成家，有家就有家务。

- 家长往往将大嗓门与权威看成是正比的关系。其实这是错误的。

- 思想是精神的河流。没有了思想就没有了生机，就像大地，没有了河流就没有了生气。

- 要成事必先谋事。否则，思想不对、方向不对，越努力越失败。谋事、做事、成事，是一个连环。

- 人不要怕失败，失败是进步的台阶。

- 德国斯图加特大学和霍恩海姆大学试验发现，在昏暗的灯光下，人的灵感更易被激发、创造力更高。最好的夜生活就是夜读。

- 能把忍受变为接受、把接受变为享受的人，一定是伟大的、永恒的。

- 随心所欲是一种勇气，随波逐流也不失为一种智慧。关键是自己的心要过得去。

- 爱好，也是要眼力、精力、财力、心力、毅力的。

- 不要把自己的事放大，不要把别人的事缩小。因为你做的事也可能是别人的，别人做的事也可能是你的。

- 学前教育属国民教育，但不能等同于学校教育。

- 感动江苏教育人物，每人都是一个精彩的故事，但都有一个共同的主题，就是爱，爱孩子、爱教育、爱学校。

- 昆明一体育教师利用废旧材料花 30 年制作了 8000 件教具。如果教师都有这种创造能力，必将改变我们的教与学。这也是课程基地“模型建构”想突破的重要内容。

▪ 学校地被的新空间就是以平米作物、平米植物构成知识的地毯。

▪ 让碎片时间通过移动学习化零为整、变废为宝。移动学习有着巨大的前景。

▪ 德胜公司报销不要领导签字，这是人治向法治、他律向自律、脑思向心意、细小向伟大的重大转变，是真正的人文、人性、人心的追求，教育要跨界学习。

▪ 年龄再大的人，在父母眼里都是长不大的孩子，因为孩子都是用来被爱的。

■越是同一时空的比赛就越是激烈，看得见的差距就在眼前。

■徐特立说："教师要有两种人格：一种是经师，教学问的；一种是人师，教行为的。"现实是经师好找，人师难求。

■美国也有《弟子规》，不讲究形式，不生搬硬套，注重细节，注重效果。

■有道是富养精神、穷养身体，其实，富养身体、穷养精神同样重要。

- 兴趣是最好的老师，更是滋润生命的甘泉。

- 期望学校有更多出人意料的创意书架出现在校园各处，而不要仅有图书馆。

- 人活一颗心，人爱一颗心，人难一颗心，人成一颗心，人败一颗心，心领人一生。

- 独处是人最美丽的寂寞。

- 快乐容易使人肤浅。让孩子快乐而不肤浅，是教育之难、教育之重、教育之美。

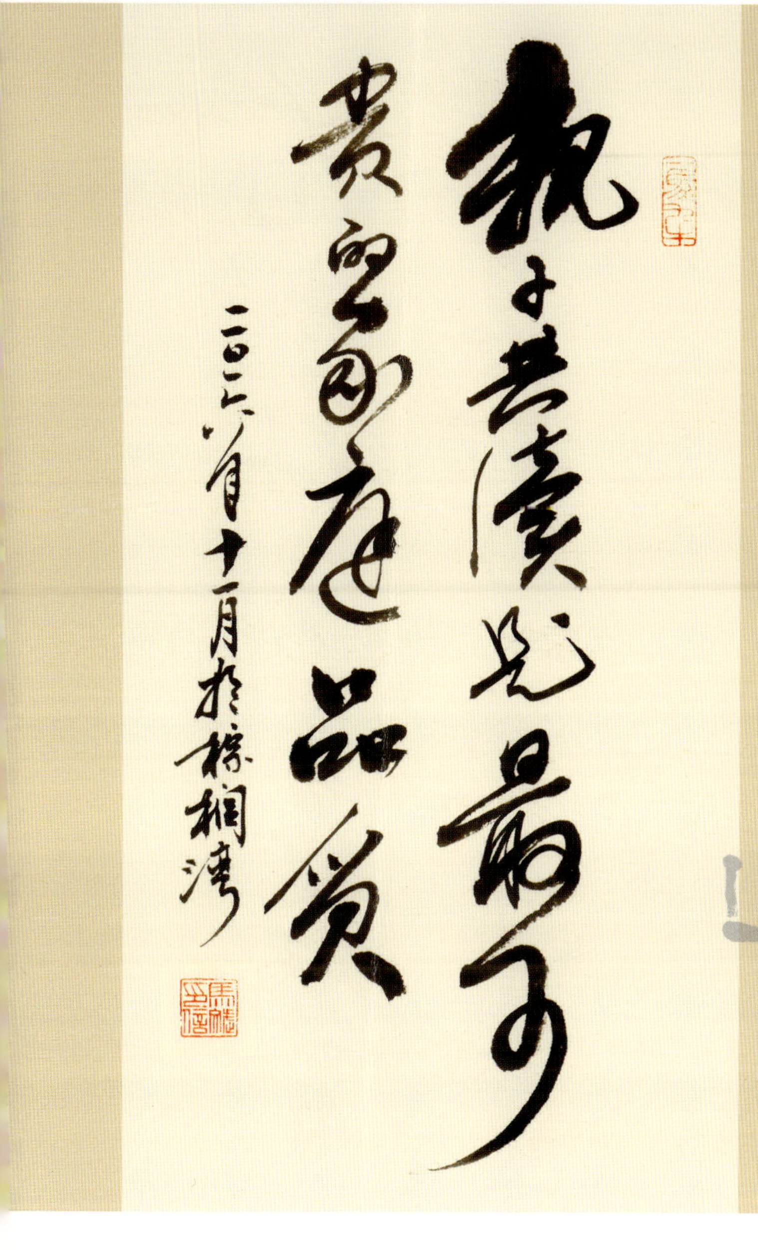

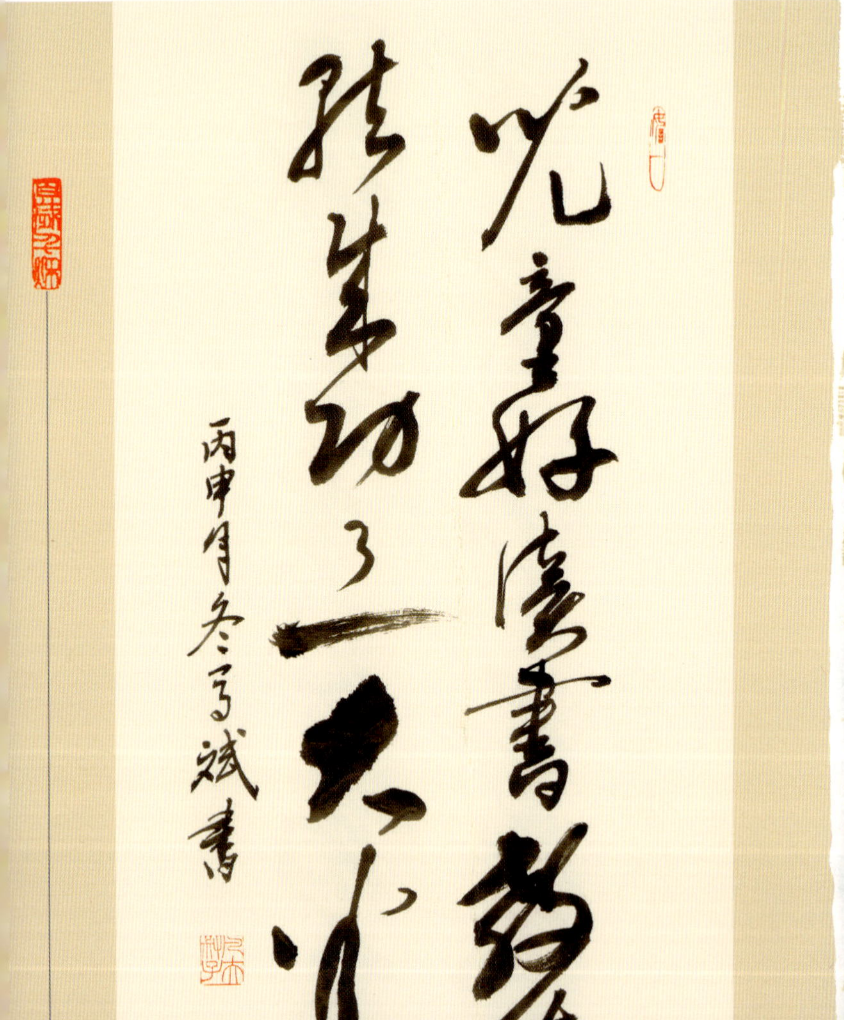

■ 基础教育，要为人生打基础，仅靠解题和考试是不行的。这是教育改革的难题，也是教育管理者难得高分的关键所在。

■ 故事是人文的基础。学校故事就在于一代一代校长的接力打造。

■ 大到人的一生，小到字的字法，皆布局也。讲布局就是要讲大局。

■ 诗画互映，师生关系就应像诗画关系，互生共长。

- 教育理念，没出来不如想出来，想出来不如说出来，说出来不如写出来，写出来不如刊出来，刊出来不如做出来。

- 一个人选择了读书，就选择了文雅和高尚。

- 美好的人生当是这样：营养饮食，科学作息，积极工作，子好家和，亲友乐群，健养身心，趣雅闲成。

- 勤奋促进成功，懒惰不会成功。勤奋是一种习惯，懒惰也是一种习惯。好习惯是人生最宝贵的品质。

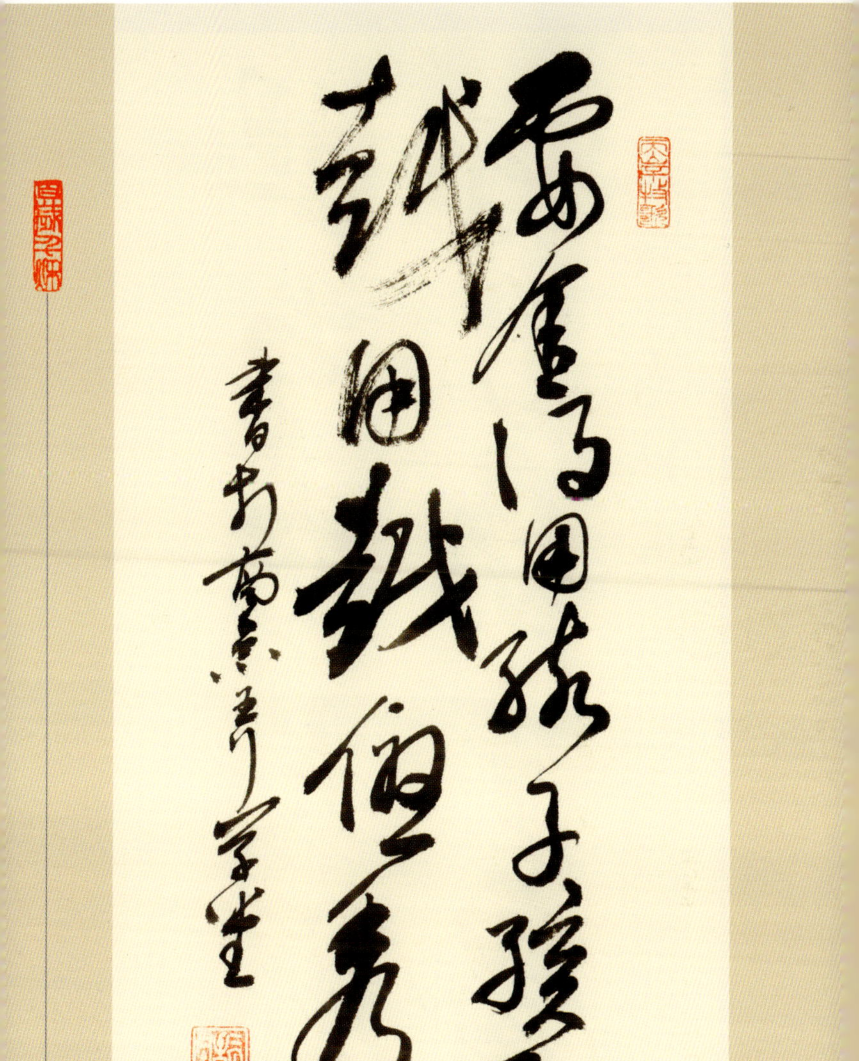

思想要尖銳
行為要中庸
馬斌書

- 好习惯是人一生发展之最，培养好习惯为育人方法之最，而这一点最易被家长忽视。

- 以新校区促进新城区成为不少地方的做法，这就是教育引领社会的力量。

- 不少新建校园都缺“山”少“水”。建一所新校就要将其作为一个完整的建筑体，用艺术的眼光和手段，指向教育价值和课程知识来构造，以明晰的理念，去生发，去呈现。

- 教室的作用数不尽，教室的风景没得数。

- 生命的价值在于自己看得起自己，人生的意义在于自己自觉地进取。教育的价值就是让孩子看得起自己、自觉地努力。

- 心是一块田，幸福种心田。

- 人的一生，不同的时期都有最好的年华，撷取最美的风景，不辜负最美的自己。

- 高考不能只看到高校“拔”学生，更应看到学生“选”专业，重在如何促进高中教育和高中学生的健康成长。高中毕竟不只是为了高“中”。

- 教育要永远奋斗的是：让孩子在学校被学习变成要学习。

- 读书的目的不是为了记住，读书的内容更不只是教科书。

- 教育承担了更多社会职能，社会却丢失了更多教育功能。

- 园林学校的深层追求，应当是走向森林或局部森林的学校。

- 教育领先社会，应当更有移动学习的大作为。

- 部队出操为何要喊“一二一”，整齐精气神；孩子学舞为何要喊“一二三”，协调意情行。皆是以言导行。

- 人一生下来软开度是最大的，但渐渐地随岁月而老化，这是人们在惰性中慢慢消解的缘故。可见，生命的真谛在于：不仅要自然成长，更要自觉成长。

- 创意的情境更易激发创新的思维。

- 校园地被植物，要能激发孩子投身自然、认识自然的兴趣。

- 季羡林说“德国人具备了无政府的条件，却没有无政府的现象”，这才是社会法则的最高境界。

- 移动智能必将彻底改变一切。教育不能成为信息世界的看客或游客。

- 孩子心智成长与学科深度学习要相谐相生。

- 基础教育，赢在基层。

- 心灵深处的懂得，胜过千言万语；精神层次的认同，超越风尘俗世。这就是不教而教。

- 爱，首先是喜欢，但喜欢不一定就是爱。喜欢是天性，是与生俱来的本能；爱是艺术，需要不断学习。如何让孩子保持从小喜欢学习的习惯，并爱学习，任重而道远。

▪ 面对互联网的世界，教育怎么办？就看你从何处下手、何处得手。

▪ 读好书、结高人、做实事、立大业，是人生的一本大书。

▪ 奇石不懂仁爱，但具备仁爱的本质和情怀，能让读懂它的人感受仁爱的丝丝情愫。赏石悟道，物型课程的生发意象。

▪ 再苦难的过去，回忆起来都是甜甜的蜜。

- 洞见生活，探思教育。

- 儿童是花朵，却不能穿得像花儿一样。有花才有梦想，花开才有芬芳。校服怎么有美感值得研究。

- 梁实秋说“寂寞是一种清福”，但我认为这是需要人生沉淀的。

- 把教育做成文化，把文化做成教育。

- 当脾气来的时候，福气就走了。气就是一进一出而已。

- 球赛表明：自己的失误就是别人的成功，反之亦然。

- 学语文多读课外书，学数学多想易错题，学英语多听原声带。方法为王，事半功倍。

- 哈佛大学的建筑与环境超越专业界限，向所有的人传递出的信息是：有尊严，有文化，有教养，有责任。物型课程应当成为校园的公共艺术。

- 角度的力量往往出人意料。

■ 加法是成长，减法是成熟，乘法是激情，除法是清思，这就是人的加减乘除。

■ 教养是内在的品格修养映射于外的优雅和从容之美，是一个人从骨子里飘出的芳香。

■ 足球的魅力就在于势均力敌，胶着进退，乱中得机；在于一人守门，十人围攻，百般刁难，千奇百态，万众一心。

■ 从学堂到学校再到学府，让人感受到的是学习场所气质的提升。

- 鼓励孩子与父母共同创想家庭手工作业，但家庭作业不能成为家长作业。

- 智育以及其他各育的要素有哪些？哪些又是最重要的？要深入探究。

- 儿童为何喜欢动物和动画片？因为越是儿童离动物本性越近。

- 学校墙上都应当是审美的知识主题长卷。

- 语文就是生活，语文就是社会，语文就是生命，语文就是整个世界。语文关涉人的思想，而思想和整个世界是统一的。

- 一个学生两次高考都成了“状元”，其实是教育、社会、高考制度、学校和学生本身的悲哀。

- 无私，是教育的气度与境界。

- 教育应让学生作为宝贵的礼物来享受，而不是成为任务去负担。

■ 母亲的伟大在于：影响着上代人的幸福、同代人的快乐和下代人的未来。

■ 夸孩子漂亮不如夸其礼貌和微笑。前者是客观的先天条件，后者是后天的主观努力。

■ 学校的底气、大气，取决于校长是否有大的胸襟和气度。

■ 城市微校可以做做屋顶场园、地下场馆，这不仅是学校上天入地的疆界扩展，也给孩子带来立体的大千世界。

▪ 日本人不乱丢垃圾，是化整为零的民族高度。

▪ 学生在校不仅仅是读课本的，要让专家论证推荐更多更好的课外读物。

▪ 校园地表要由普遍地种草改为栽种课文和家居中的常见植物，以网格状形式和植物时令特点设置，标上学名，甚至有二维码。书本上知识，大地上呈现，形成依四时而变的校园学习环境。

- 校园需要梦幻般的创意，以物象之意激荡孩子心性。

- 投入度、希望值和幸福感是隐性的教育品质，这是教育者要追求的。

- 教育在于培养孩子成为一个完完整整的人。

- 家庭素质是民族气质的镜子。

- 物型文化就是要展现每个事物背后的故事。

- 校园里应有一方大自然的仙境，找回学生对自然景观的审美兴趣。

- 相逢儿时见识过的旧物，无一不是亲切之源、快乐之源。

- 老物件都是时代的风、历史的记、心里的忆。百年老校缺的正是“老物件”、“老东西”。

- 品位、道德、智能，是文化积累的总和。

- 植物动物，盆栽盆养，学校和幼儿园都可试一试，教室、走廊可以成为孩子的“自然世界”。

- 如果常有组织机构预约上门或免费邮寄捐赠物品，那将是全社会仁爱春天的到来。

- 最容易的事与最艰难的事的区别，就在于能否坚持到底。

- 课程之别是学校特色之别，更是学校境界之别。

- 一切精神都是有物态载体的，这就是物型课程的由来。

- 蜈蚣百足，行不及蛇；雄鸡两翼，飞不过鸦。谁能突破自我，就能实现自我。

- 一部电影就是一个人生主题，孩子是要读读电影的。

- 书房，文人魂灵的栖息处所。

- 追寻古代文人书房里的风雅情趣，入古而出新。

- 学校有图书馆，更要有图书场，学生可以随手而得、席地而读。

- 方法为王，成事的关键在方法，方法的关键在得法。

- 享受学习、幸福成长，应当成为基础教育的崇高境界和追求。

- 养成与学成一样重要，但养成是隐现的，学成是显现的，所以养成更难。

- 孟子说："所谓故国者，非谓有乔木之谓也、有世臣之谓也。"梅贻琦仿照说："所谓大学者，非谓有大楼之谓也、有大师之谓也。"迁移能创新，关键在妙用。

- 人贵在精神的高度、思想的深度、视野的宽度、做事的力度、为人的信度和待人的热度。领导更当如此。

- 书卷气就是将书读成了自己的气质。

- 孩子是世界的未来，赢得孩子才能赢得未来。

- “创造力一般都与跨领域有关。”最具创造力的人，能够看到被其他人忽视的联系，这就是人与人的差距所在。教育者要跨界学习，教改才能深度创新。

■ 老师是看得见的家长，家长是看不见的老师。家长的言传身教十分重要。

■ 人们缺少的往往是基于现实的高度概括和针对问题的精准创新。

■ 读书能让人品味到热爱生活的渴望，教育应是一个最懂我们的知己。

■ 教育的失败是在终身教育理念下使孩子终身怕教育。

■ 思想是气场的尺度，气场是思想的热度。

- 孩子的未来靠教育，教育的未来靠孩子。

- 教育要追求精神的深度和境界的高度。教书育人，更要育人教书。

- 教育的本质是思想者——老师培养思考者——学生的过程。思想是教师水平高低的标尺。

- 陪着孩子一起读书是不少父母很难做到的一件事，但必须要做。

- 人文是永远的高雅。没有人文，只会低俗。

的艺术。宗白华说，空白是“融入万物的内部”所展现出的“虚灵的道”。我的领悟是，倘若不融入万事万物的内部，是不可能有留白的意识和智慧的，也就不可能有“虚灵的道”。正是留白，让我们有无限的想象、无尽的追索。马斌用笔墨来遣怀、抒写自己的教育性灵。用他自己的话来说，这即是“角度的力量”，而“角度”总是与思想的深度、视野的宽度、做事的力度以及格局的开合度有关。

哲思之美，在心灵、生命的开合之间，由是，《教育微道》表现了马斌先生心灵的自由与思想的高蹈，表现了他独特的风格与君子人格的修炼，也表达了马斌先生对教育深沉的思考和热切的期盼。我们可以静下心来，好好读读，好好想想，好好做做，那么，“微道”就永驻我们心中，我们也会在心灵、生命的开合处获取哲思之美。

但微言不微，“一孔之见”则可“小有洞天”，洞见的是教育之道、教育之大道。道也，路径也，规律也，生命之创造力也；道也，可生一、生二、生三，生无限。真正的智慧总是轻轻的、悄悄的，不喜张扬，不浮躁，更不浮夸。“微言”“微道”恰恰是智慧的表达。诸如，“基础教育赢在基层”，“名家荟萃是江苏基础教育的永恒辉煌”，“教学应是一个最懂我们的知己”，“家庭作业不是家长作业”，“学校空间是每平方米植物构成的知识地毯”，“养生之道：营养、保养、修养”等，小中见大，微言大道。因此，我的感悟是，马斌有大视野、大架构，形成大格局、高格调，他的哲思之美是在心灵、生命的大开大合之间诞生和闪耀的。当下，我们缺失的就是这样的大开大合。

《教育微道》有自己独特的表达方式，简洁、素朴、实在，但有着无限的真诚和温情。用马斌的理念来说，这样的表达实质是“少即多”。而他不仅用于写作，而且迁移到教学中来：“以教师教之少，让学生学之多。”从艺术手法的角度看，这是留白还应具有教育教学的专业。准确地说，教育行政专业是这两种专业的结合与融合。事实也不只一次地证明，只有建立在教育教学规律之上的教育管理才是科学的，具备这样的专业，才能成为真正的、优秀的教育领导者。马斌先生为我们开启了一个深刻的命题，也为我们探索这一命题作出了榜样。

《教育微道》是一本关于教育的智慧箴言，是他沉潜思考、飞扬思想之后的淬化而成。在我看来，这是马斌的教育思想录，展现的是马斌的哲思之美。这样的哲思，正是他的智慧的感悟，以及由此所带来的创新。所谓智慧，就是人的思想力、创造力，而马斌则认为："创新是永远的制高点。"哲思之美、智慧之光，都是他在生活的细微处发现、寻找到的，因此，字里行间充溢着生活的情趣和意境。读《教育微道》像是浸润在生活中，是对教育生活的又一次访问，是与教师、校长的又一次对话，让自己的心灵又一次安顿好。

称"微道"是马斌的自谦。"微道"，马斌首先认为这是微言，是"只言片语"，是"一孔之见"。

哲思之美在心灵的开合之间

成尚荣

阅读马斌先生的《教育微道》后，自然地翻出两本书来看，一本是帕斯卡尔的《思想录》，另一本是宗白华的《美学散步》。如此决不是要刻意抬高《教育微道》，而是因为《教育微道》确有这两本书的味道——风格。

是的，阅读《教育微道》像是在享受被称之为高贵尊严的思想，又恰似在散步时，发现、采撷路边一朵朵小花；它像是马斌先生闲情时的偶拾，更是沉思时的悟得；它是马斌先生心灵深处的自由呼吸，又是发自生命体验的乐句——这样的诗意表达，我觉得并不为过。

马斌，省教育厅基础教育处处长，从事教育行政管理三十多年了。三十多年来，他一直勤奋学习、刻苦读书、深入思考，用心凝练自己的所感、所悟、所思。长期的沉淀，让他努力完成了一次重要的超越：从官员向专家、学者的转化。他以自己的行动演绎了当下教育管理者的一个重要命题：教育行政管理应当建构自己的专业，不断提升自己的专业水平。这是一个大专业，不仅应具备教育管理的专业，

序

马斌，男，1961 年 2 月生，先后取得中文、教育管理、市场经济与党政管理专业学历。当过农民、做过教师，从事职业教育管理 21 年，现任江苏省教育厅基础教育处处长。南京大学、南京信息工程大学兼职导师。

从事基础教育管理 10 多年，提出课程基地、物型课程、感智教育以及学科之美、美感课堂、学师之道等理念，并首创开展中小学课程基地、幼儿园课程游戏化、特殊教育发展工程和基础教育前瞻性教学改革项目。所领导的基础教育处 2012 年被国务院表彰为全国“两基”工作先进单位，2016 年被省人民政府表彰为江苏省促进义务教育均衡发展先进单位。

坚持理论引领实践、实践创新理论。撰写、参编教育论著近百万字，发表各类文章近 50 篇。《创造一种模式：课程基地变革江苏高中教育》《书法观典》等已经付梓。

为江苏省公务员书法家协会会员、省教育书法协会副秘书长、南京市雨花石协会理事、南京市武术协会会员等。

教育微道

马斌

江苏凤凰教育出版社
Phoenix Education Publishing, Ltd

教育微道

马斌

江苏凤凰教育出版社
Phoenix Education Publishing, Ltd